拝観世音菩薩歌

南無観世音菩薩
どんな苦しみ悲しみも
必らずお救い下さいます
慈悲深い観音様
南無観世音菩薩

南無観世音菩薩
この世を終えたその時は
お國に迎えて下さいます
慈悲深い観音様
南無観世音菩薩

南無観世音菩薩
みんな揃って拝みましょう
信じておすがり致しましょう
慈悲深い観音様
南無観世音菩薩

細谷煥榮 作詞

拝観世音菩薩歌

＊前頁は聖観世音菩薩像

# 仏の道への誘い

## 般若心経解説

細谷煥榮

文芸社

仏の道への誘い　般若心経解説

# 目次

# 般若波羅蜜多心経解説

# 般若波羅蜜多心経

唐三藏法師玄奘譯

觀自在菩薩、行深般若波羅蜜多時、照見五蘊皆空、度一切苦厄。舍利子！色不異空、空不異色、色即是空、空即是色、受想行識、亦復如是。舍利子！是諸法空相……不生不滅、不垢不淨、不增不減・是故空中無色。無受想行識。無眼耳鼻舌身意・無色聲香味觸法。無眼界、乃至無意識界。無無明、亦無無明盡……乃至無老死、亦無老死盡。無苦集滅道。無智、亦無得。以無所得故！菩提薩埵、依般若波羅蜜多故、心無罣礙、無罣礙故、無有恐怖、遠離、一切顚倒、夢想、究竟涅槃。三世諸佛、依般若波羅蜜多故、得阿耨多羅三藐三菩提！故知般若波羅蜜多、是大神咒、是大明咒、是無上咒、是無等等咒。能除一切苦！眞實不虚！故説般若波羅蜜多咒、即説咒曰……羯諦、羯諦、波羅羯諦、波羅僧羯諦、菩提娑婆訶！

釈尊《しゃくそん》の教えの中にはいろいろな宗派があり、修行の方法も多種多様ですが、仏教の原典（よりどころとなる書籍）となるのは般若心経であります。正しく理解すべき大事な教えです。

般若心経は非常に難解で、一般人にはとうてい理解し難いお経と思われていますので、次のことについて解説したいと思います。

題名「般若心経」すなわち「般若波羅蜜多心経」とは、次の二つについて教えています。ひとつは、人間は物体に過ぎないことを理解すること、もうひとつは、人間には魂があって、その魂は目には見えないが実際にはある真空の実相であるということです。

釈尊は講話するとき、舎利子という弟子に話しかけるように説教します。二回に分けて話しています。一回目は人間は物体に過ぎないところ、二回目は魂は真空の実相であるところです。

## 五蘊《ごうん》とは

大事なものを覆い隠す、五種類の枯草に例えられる。大事なものは、自性（その人の魂）である。

五種類の枯草は、色蘊　受蘊　想蘊　行蘊　識蘊。

色蘊は目に見える肉体（物体）、受想行識は目に見えない精神。精神も脳の働きであるから、やはり物体。この世に生きている人間は肉体と精神から成り立っていることから、この世に生きている人間のことを五蘊という。したがって、人間は物体にすぎない。

ここから本題に入ります。

## 般若波羅蜜多心経　唐三藏法師玄奘譯

・般若＝智慧《ちえ》

・波羅は梵語で彼岸のこと。彼岸は涅槃に到達する場所の意味。涅槃は煩悩《ぼんのう》をなくし、解脱した境地で臨終を迎えること。

・蜜多＝到達
・心＝核心（もっとも大切なこと）
・経＝釈尊の教え
般若波羅蜜多とは、煩悩をなくし、解脱した境地でこの世における一生を終え涅槃に到達するための智慧です。
これは、唐の三蔵法師の訳。

**観自在菩薩、行深般若波羅蜜多時、照見五蘊皆空、度一切苦厄。**

観音菩薩は修行が非常に深く、大慈大悲のお心で衆生をお救いくださるお方ですが、衆生を涅槃に至らせるべく、導くときは、照見（道理に照らし合わせ、よく考察）した上で五蘊皆空の意味を教え悟らせることによって、一切の苦しみから逃れさせる方法をとりました。
なぜ五蘊皆空を悟ればこの目的が達成できるのでしょうか。五蘊というこの世の人間は、目に見える肉体と、見えない精神でできていますが、ただの物体に過ぎず空虚なものです。自主性のない物質なのです。

人間とは、この世に生まれて老い病を得て死に至る、短く儚《はかな》い存在なのです。自分でコントロールできない、いわば自主性のない存在なのです。そして、喜怒哀楽の感情は動揺し無常であり、苦しみは絶えません。天災・戦争などによる災厄もあります。

この真実を見極めれば、人生はこういうものだとあきらめがついて、全ての苦しみから解放されるのです。

舎利子!

舎利子よ、よく聞いてください。釈尊は説教をなさるときは、一人の人に話しかけるように説教なさいます。

※註　これが一回目。ここでは人間は物体に過ぎないことを教えています。

色不異空、空不異色、

外見に見える身体（色）も、見えない精神（空）も、共に物体で異なるものではありません。（精神は脳の作用）脳死の場合、精神はなくなります。

色即是空、空即是色、

繰り返し教えますが、目に見える肉体（色）も見えない精神（空）も共に物体であるから、色イコール空（色＝空）です。

※色即是空の言葉

こんな簡単な意味なのに多数の有識者や学者が是の意味を知ることができず、般若心経は難しくて我々の手には負えないものとあきらめているのが現状です。人間の身体を見て色があれば、すなわち見えれば、それは身体です。空（からっぽ）であればすなわち何も見えなければ、それは精神です。ただそれだけの意味です。

**受想行識、亦復如是。**

外界から受ける『受』は耳・目・舌・鼻・皮膚であり、想像したりする『想』、行動を起こそうとする意志『行』、判断したりする精神作用『識』は共に脳であり物体です。

**舎利子！**

舎利子よ、これからが大切なことです。よく聞いてください。

※註　これが二回目です。魂のことについての教えです。ここからが本題になります。

**是諸法空相……**

これから説く仏の世界（法界）は魂の世界で、魂は真空の実相です。（人間の世界を虚相とし、これに対して魂の世界を実相と言います）真空とは、中に空気さえ入れない、何もないということです。

**不生不滅、不垢不浄、不増不減・**

自性が真空の実相であるから、生まれることも、無くなることもありません。

きれいとか、汚いとかもありません。増えるも、減るもしません。

**是故空中無色。無受想行識。**

自性が、空相（真空の実相）であるから、その中には五蘊に当たる色はもちろん、受想行識もありません。

**無眼耳鼻舌身意・無色聲香味觸法。**

眼によって物を見、耳によって声を聞き、鼻によって香りを嗅ぎ、舌によって味わい、皮膚によって触るなどの五感の働きや、想像してつくるイメージはありません。

**無眼界、乃至無意識界。**

眼によって物を見るに始まって、想像してイメージをつくるまでのことが、全て無いということを、繰り返し強調した言葉です。

**無無明、亦無無明盡**……

自性が真空の実相であり、清浄空寂そのものであるから、人間の本能のようなものはありません。本能という自己中心性の欲望がないから、煩悩（無明）はありませんし、したがって煩悩の苦しみを味わい尽くして、解放されるということもありません。

**乃至無老死、亦無老死盡。**

また、あるいは老とか死とかいうことはなく、老の苦しみ、死の苦しみなどもありません。したがって、死ぬまでの一切の苦しみを味わい尽くすこともありません。

**無苦集滅道。**

無苦集滅道の苦集滅道は釈尊が、苦悩を忘却する目的で仏門に入る人のために唱えられた四諦法という小乗法です。頭を使うことなく、素直な気持ちで仏門に入って精進するだけでよい修行法です。したがって、無苦集滅道の意味は自性が清浄空寂そのものであるから、苦というものはないので、この四諦法によって修行する必要はありません。

無智、亦無得。

自性が真空の実相であるから、自性の中には世智とも言える智慧。この智慧によって、人より偉くなるとか、物を開発して儲けるとかの欲得を伴うような智慧はありません。したがって、この智慧による欲得はありません。

以無所得故！　菩提薩埵

依般若波羅蜜多故、心無罣礙、

菩提薩埵は梵語で菩薩のこと。欲得がないゆえに、自分が悟った悟りを独り占めにしないで、人々にも分け与える菩薩は、般若心経の教えに依って（従って）修行し、すでに悟りをひらき解脱の境地に達しているゆえに、執着や煩悩の網にかけられて自由を失うことはありません。

無罣礙故、無有恐怖、

網にかけられていないので、死に対する恐怖心はありません。

**遠離、一切顚倒、夢想、究竟涅槃。**

恐怖心がないので、恐怖のあまりひっくり返って錯乱状態になったり、妄想に悩まされたりすることから永遠に解脱をし、涅槃の境地に入るのです。

**三世諸佛、依般若波羅蜜多故、得阿耨多羅三藐三菩提！**

仏教の世界は時間と空間を超越した世界です。過去、現在、未来（すなわち全ての時代）の、全ての場所の、全ての仏は般若心経の教えに従って修行したので、「阿耨多羅三藐三菩提（無上の正等正覚）」――この上ない正しい悟り（正覚）と、この上ない平等な心（正等）を得ることができました。平等な心というのは、自分だけ悟りを開けばそれでよいのではなく、衆生にも平等に般若を分け与え救うという意味です。

※ここまでが、顕教《けんきょう》による教えで、この先からが密教による教えになります。

故知般若波羅密多、是大神咒、
是大明咒、是無上咒、是無等等咒。

釈尊が説法なさるときは、必ず顕教で経文によって道理を説いたあとに密教による咒文《じゅもん》（トロニ）をお作りになりました。この咒文《じゅもん》には、仏の秘密功徳の威力が加わっておりますので、ただ唱えるだけでよいのが密教です。

この般若心経の咒文《じゅもん》は「羯諦《ギャーテイ》、羯諦《ギャーテイ》、波羅《ボロ》羯諦《ギャーテイ》、波羅《ボロ》僧《セン》羯諦《ギャーテイ》、菩提《プーティ》娑《サ》婆《ボ》訶《ホ》」です。

この咒文《じゅもん》は顕教で説教された般若心経と同じ内容の中に、釈尊が加持《かじ》功用《こうよう》（仏の不可思議な威力が加わり、目的達成の効果をもたらす）を込めてお作りになった神通力のあるものです。だから、この咒文《じゅもん》こそが大神咒（妙なる力のある咒文《じゅもん》）であり、大明咒（はっきりとしていて爽やかな咒文《じゅもん》）であり、無上咒（これ以上のものがないほど立派な咒文《じゅもん》）であり、無等等咒（一等二等と、等をつけることができないほどのずばぬけて上等の咒文《じゅもん》）であることを知ることができます。

能除一切苦！　眞實不虚！

故説般若波羅蜜多咒、即説咒曰……

羯諦、羯諦、波羅羯諦、波羅僧羯諦、菩提娑婆訶！

この咒文《じゅもん》を唱えれば、全ての苦しみを除くことができるのです。これは真実で嘘ではありません。だから、般若波羅蜜多咒を唱えなさい。すなわち、次のように唱えなさい。

「羯諦《ギャーテイ》、羯諦《ギャーテイ》、波羅羯諦《ボロギャーテイ》、波羅僧羯諦《ボロセンギャーテイ》、菩提娑婆訶《プーティサボホ》」

この咒文《じゅもん》の意味は、次の通りですが、意味にこだわる必要はありません。

「行きましょう。行きましょう。浄土に向かって行きましょう。大勢集まって（僧）行きましょう。悟りを開いて、仏になることが早く成就（娑婆訶）するよう努めましょう」

咒文《じゅもん》は、一種のお経であり、これを一心に唱えることによって、功徳が得られます。難解な理論をしなくてもよいように、釈尊がお作りになったのです。

# 展示書からの語りかけ

## 平等な心の修行

阿耨多羅三藐三菩提
オー ロー トー ロー サム ムアウ サム プ ティ
Oh Ro To Ro Sam Mau Sam Pu Ti

いきなり難しい言葉が出て、驚きのことと思います。

実は、この言葉こそ、仏道に励む人々の目標であり常々くちずさみながら自らの方向性を修正する言葉なのです。

これは梵語で「無上の正等正覚」すなわち、この上ない正しい悟りと、この上ない平等な心を意味します。平等な心とは、悟りを開いた般若（智慧）を他人にも平等に分け与え救う心のことで、正しい悟りと平等な心を兼ね備えてはじめて菩薩道といえます。私も念仏して十年を過ぎ、仏典をかなり読みこなしましたがオーロートーローサムムアウサムプティ、と時々くちずさむたびに、この平等な心の修行が非常に遅れているし、なかなか困難なことと感じています。

このたび、偶然にも新しい千年紀を迎える年に我が細谷病院の増改築改修工事が完成し、二階部分に割方大きい談話室・食堂があり、大勢の方々が出入り可能な広間ができました。これが美術館風に設計され、この広間を利用し、床の間の所で観世音菩薩を拝むことができるようにし、壁面には書画を展示するようになっております。

この雰囲気の中で書を鑑賞しながら、その書の一つ一つに解説をつけて自然に仏の世界に親しみを感じていただけるよう、これによって来られた方の心にいくらかの救いが得られるよう念じています。これも「平等な心の修行」の一環と思っています。この冊子は、展示書の中の重要なものの解説であり、展示してある書からの語りかけなのです。

## 観世音菩薩

細谷病院では、大広間の床の間に当たる所に、安置されている観世音菩薩を拝むようになっています。

私の生家では、母上が在世時、観音様を大変信じ、常々、「観音菩薩、観音菩薩」と、その御名を唱えていた関係で、観音様と大変縁が深いと信じています。祖先を祀る祖堂の中心に、玉で造り上げた観音様を拝むようになっています。

観世音菩薩とは、どんなお方でしょうか。

妙法蓮華経観世音菩薩普門品の中で、お釈迦様は、弟子の無盡意菩薩の問い、「観世音菩薩は如何なる因縁で、名を観世音とつけたのですか」に答えて、

もし、いろいろな苦悩を持っている衆生が観世音菩薩の御名を一心に唱えたら、観世音菩薩はその音声を聞き、必ず救い出してくださいます。

もし、観世音菩薩の名を唱えている人が、大火の中に入ったとしても、火はこの人を焼くことはできません。大水の中で浮いていても、「観世音菩薩、観世音菩薩、観世音菩薩」と唱えていれば、浅い所を得ることができます。いろいろな悲しい目にあったとき、一心に観世音菩薩の名を唱えれば、何の畏れもない状態にしてくださいます。悩める衆生の唱える音声を聞き分けて救ってくださるので、観世音菩薩の名がつきました。

観世音菩薩は西方極楽世界で阿弥陀仏の補佐役の最上位（その次が大勢至菩薩《だいせいしぼさつ》）にあって、大慈大悲の心で衆生を迎え入れる役目を果たしています。

観世音菩薩がこの世にいて修行していた時期、師匠の古仏観世音如来から音声を聞いてこれが何を訴えているのかよく思索し、観察し、修行して悟りを開く方法を教えられ、（これからは、拙著『佛の道への誘い』二四三頁〜二五二頁参照）教えられた通りによく聞き、よく思索し、修行しているうちに、聞こえてくるものを判断するのに、人間の智慧でない般若（清浄な智慧）によって真実をつかみ、悟りの境地に入ることができるようになりました。

そうしているうちに、忽然として二つの殊勝なことを獲得しました。

一つは、上に合わせては、十方諸仏と同じ妙覚の心（妙覚は仏の悟り、正覚は菩薩の悟り）と同じ慈しむ力を得、下に合わせては、衆生の悲しみを抜く力を得たのです。

師匠の古仏観世音如来を供養して、その慈力で我が身に三十二変化《へんげ》ができるようになり、諸国に入り、いつでもどこでも大慈大悲の心で救済できるようになりました。

そして、古仏観世音如来から観世音菩薩の名を授けられました。

観世音菩薩を拝むときは、ただ手を合わせて拝むのではなく、声を出して、「南無観世音菩薩」と御名を何回も何回も唱えて拝みます。

観世音菩薩の衆生を救う力は神秘的で、人の智慧ではどんな大学者もとうてい解明することはできません。不可思議なものです。

しかし、実際に多くの人が救われ、私自身も、私の生家も、何回も何回も奇跡的に救われてきました。

私は常々、本当にしばしば大慈大悲の観世音菩薩の情け深い関与を有り難く実感しています。

私が作詞した拝観世音菩薩歌の詞は、観世音菩薩の大慈大悲の心を、ごく簡単にまとめたものです。

## 五蘊皆空

（詳しくは、拙著『佛の道への誘い』の「般若心経解説」参照）

五蘊《ごうん》とは、色蘊・受蘊・想蘊・行蘊・識蘊のことで、色は肉体・受想行識は精神です。

肉体と精神があって、人間を形成しています。

なぜ五蘊という言葉で表すかというと、蘊とは大事な大事な物を覆いかくす草のことです。人間の中に、大事な大事な自性（魂）を覆いかくしているからです。この自性は不滅で、人間が死亡したあと、次の世に別の五蘊の中に生まれ変わります。

五蘊皆空とは、色蘊・受蘊・想蘊・行蘊・識蘊のどの蘊も、すべての肉体も精神も、この世に生まれて成長し、発達し、老化し、いろいろな苦厄に悩まされ、ついに死んでしまう、何の自主性もない、どうすることもできない、という意味です。大慈大悲の観世音菩薩は、五蘊皆空を悟らせることによって、この世の人々の一切の苦厄をお救いになった、と般若心経の中で、お釈迦様がおっしゃっております。

色蘊　目に見える肉体

受蘊　外部から受け取って感じる感情

想蘊　想像して形成する観念。意識の内容

行蘊　行動を起こそうとする意志

識蘊　物事を判断して統一する能力・知識

色…………肉体
受想行識……精神作用

## 薫習

古代仏教では、五蘊（人間の肉体および精神――すなわち、この世に生きた人間）は、消滅するが、本体（自性）は次の世に、また次の世に生まれ変わる（輪廻《りんね》）。次の世にどのような運命《さだめ》を背負って生まれるかは、現世における行為を情報として、自性の中に、薫《くん》習《しゅう》されます。

薫は、香がうつる、染まる
習は、くりかえし行う
薫習された気分を習気という。
自性の中に薫習された習気を携えて次の世

前世に生まれるので、現世における行為は次の世の運命の種子となります。――前世からの縁となる――

阿弥陀仏を信じ、熱心に念仏し、修行を重ねて、浄土に生まれ変わった人は、この種子は消滅されます。

# 心浄如水

仏教でいう清浄心とは、お釈迦様の教えを信じて、何の疑念をも持たず、何の迷いもない、澄みきった心のこと。

水は仏教では清流の水のことをいう。

心浄如水とは、仏の教えを信じて疑わず、何の迷いもない澄みきった心は、清流の水のようで、どんな汚れも取り除かれてしまう、また逆戻りしない、不退転である。

## 静寂

静は、一点に集中して静止して動かない（不動）。

寂は、何も聞こえてこない、何の雑念もないので、心を乱されることがない（不乱）。

一心に念仏している状態で、この状態を、入三摩地《ザンマイ》と言います。

# 忍

確かに悟ること。

悟りをひらくための修行の方法として六種の方法があります。六度と言います。

忍辱は耐え忍ぶことですが、修行の中でも最も困難な修行です。

何故、忍が、確かに悟ることでしょうか。

菩薩願行文の中で、

愚かな者には、ひとしお憐愍の心で接し、設《たと》え、怨敵となって吾を罵り、吾を苦しめることがあっても、これは是、観世音菩薩の大慈悲としてこの者の姿に化身して、吾が身の前世の罪業を消滅解脱せしめ給う方便と有り難く思い、言辞を謙譲にして礼儀正しく接し、深く清浄な心（仏を信じて疑わない心）を起こせば、耐えることができ、悟りを得ることができます。

だから忍は、難しいけれど、確かな悟りです。（『佛の道への誘い』一七八頁参照）

六度とは、

布施　人に分け与えることによって、貪欲な心をなくします。正等に進みます。

持戒　悪いことをしない。人を傷つけないよう善根を養います。

忍辱　耐え忍ぶことによって慈悲の心を養います。

精進　怠惰な心から救い出し、力行修行に進みます。

禅定　一心に瞑想し、念仏し、散乱する心から救い、集中力を養い、三摩地に進みます。

智慧　愚かさから救い、仏の教えを理解し、正覚に進みます。

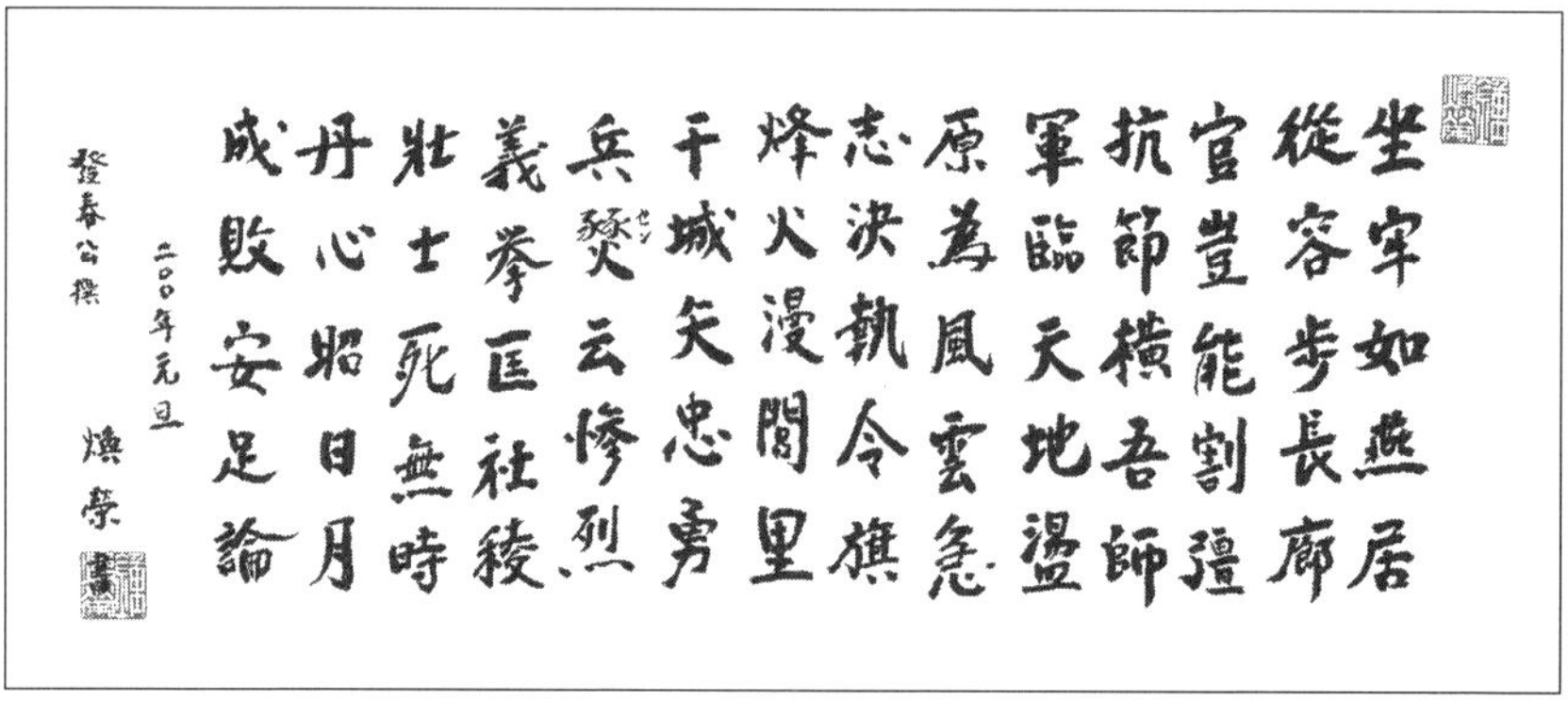


# 祖父発春公の詩

坐牢如燕居　従容歩長廊
官豈能割疆　抗節横吾師
軍臨天地盪　原為風雲急
志決執令旗　烽火漫閭里
干城矢忠勇　兵燹云惨烈
義挙匡社稷　壮士死無時
丹心昭日月　成敗安足論

わが祖父発春公は、日清戦争で日本が清国に勝ち、下関条約で日本軍が台湾に進駐することになったとき、台湾南部の客家が住む六堆の防衛お

よび治安の責任者でありました。（考試に合格した役人であった）

下関条約のことを知らず本国からの説明と連絡がなかったため、発春公は、自ら中堆の総理、六堆の総参謀長となり、日本軍と戦い、善戦しました。双方に多くの死者が出てしまい、犠牲者がこれ以上出るのを心配して、一先ず降伏し、停戦を命じました。

南部進駐の日本軍大隊長、桑波田少佐は大変立派な方で、発春公の率いる軍勢が一糸乱れず統率され、軍紀は厳正であるのは、発春公の人望によるものに違いないと感じ、ていねいに面会を申し込みました。

堂々と、しかも穏やかに話す発春公の高貴な面相にすっかり惚れ込み、台湾進駐最高責任者であった樺山総督に会わせるように奔走し、台南で会うことになりました。

樺山総督が台南に到着するまでの二日間、台南の一室に軟禁され、いよいよ面会の日が来ました。悠々と、しかも礼儀正しく挨拶したあと、その朝に書きあげた即作の詩を差し出しました。
これがその詩です。

坐牢如燕居
従容歩長廊
官豈能割彊
抗節横吾師
軍臨天地盪
原為風雲急
志決執令旗

軟禁されている間、何の煩わしいこともなく快適でした。
この長い廊下をゆったりとした気持ちで歩いてきました。
貴官がどんなご処置をとろうと私の強い気力をさくことはできません。
節を守って屈することなく、吾が軍隊を意のままに動かすことができます。
そもそも貴国軍隊が来たために平穏であった我が天地が動揺してしまいました。
世の事態が容易でない状態になってしまったので、
意を決して防戦の命令を出したのです。

烽火漫閭里
干城矢忠勇
兵燹云惨烈
義挙匡社稷
壮士死無時
丹心昭日月
成敗安足論

私の命令のあと、のろしが全ての村里にあがりました。
国家防衛する武夫（マスラオ）は、忠勇であることを誓い合いました。
兵火はすさまじく烈しいものでした。
我々の義挙は、国を救うためのものです。
気力旺盛な武夫（マスラオ）はいつでも死ぬことができます。死を恐れません。
忠誠にして偽りのない心は日月のように明らかです。
勝つか負けるか、そんなことは論ずるに足りません。気にしていません。

この秀麗な筆蹟で書かれた詩を読んだ樺山総督は、さすが文才に秀で、立派なお人柄の大人物でした。

発春公の純粋高潔、かつ有能なのに感動し、直ちに発春公と連れてきた秘書二人を貴賓扱いし、これから先、台湾をいかにして治めればよいか相談役になってほしい、日本国の高い地位についてほしいなど、いろいろ申し入れましたが、役職は断り、後日、日頃から研究していた、治台十策を書いて渡しました。これが台湾統治の基礎になったと言われています。

その後、六堆地方が平和に、住民が安心して日常の生活を楽しむことができているのを確かめて、樺山総督のいろいろな厚意ある要請を断り、四十歳で隠遁し、五十七歳で浄土に旅立ちました。

隠遁生活中に寺を建立することを伯父才用公に託し、才用公はこれを果たしました。

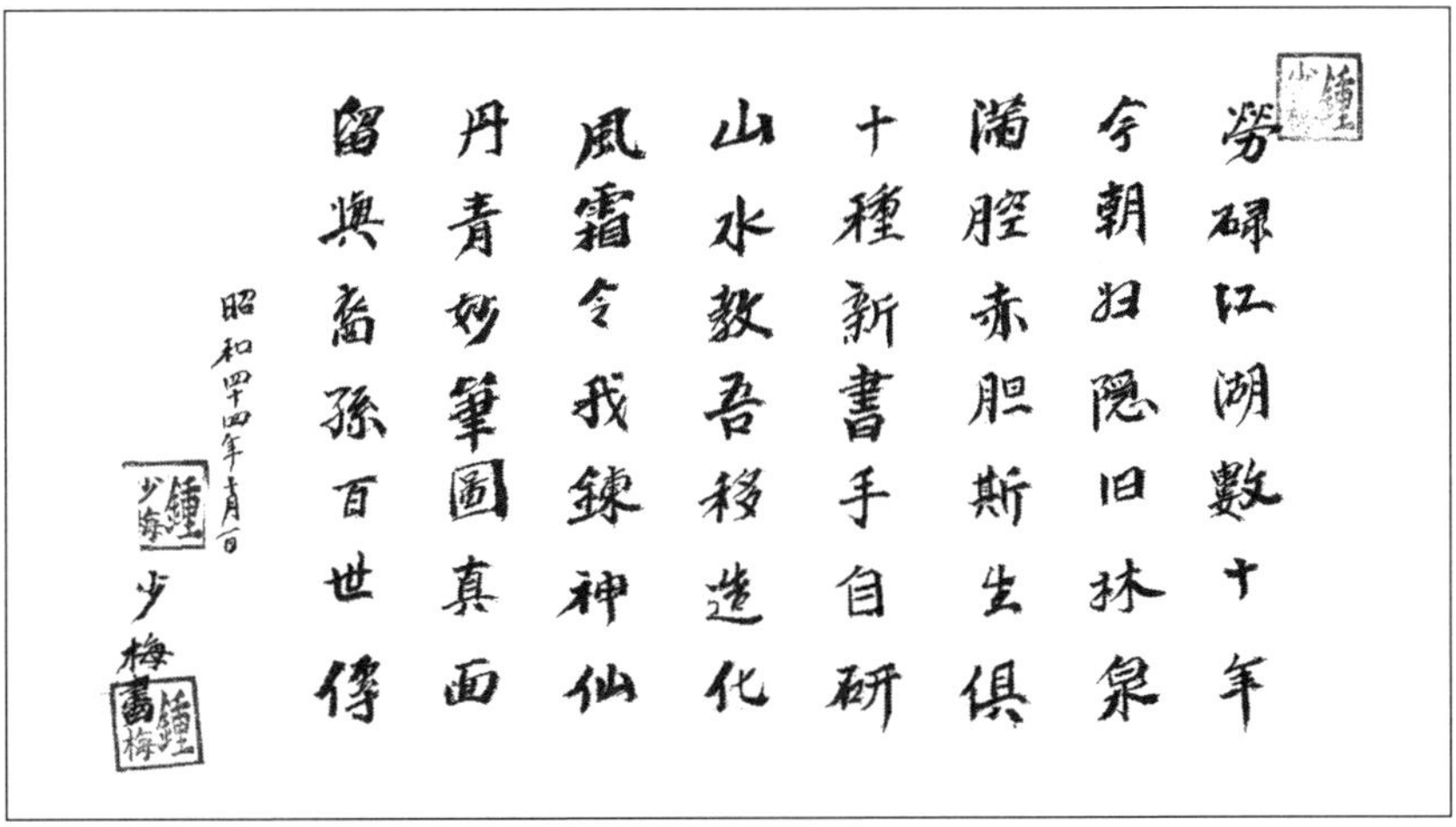


## 祖父発春公の遺書

労碌江湖数十年
今朝帰隠旧林泉
満腔赤胆斯生倶
十種新書手自研
山水教吾移造化
風霜令我錬神仙
丹青妙筆図真面
留興裔孫百世伝

これは、私の祖父発春公の辞世（遺言）を、父上少梅公が書いたものです。

意味は、

この世の様々な煩わしいことに苦労し、忙しく働いて数十年。

今朝を以て、浄土の国に旅立ちます。

自分は、生涯を通して誠実で偽りのない心を持ち続けてきました。

独学で地方を良くする十ケ条の政策を研究し、つくり上げました。

自分の経験によれば、山水（自然の風光）は自分を大自然の中に融けこませて安らぎを与えてくれます。

風霜のような試錬は、自分に神仙の術（忍耐力・体力・精神力など）を鍛えてくれます。

すぐれた絵画は、ただ綺麗・美しさばかりでなく、その本来の姿をも表現していますので、絵画にも親しみなさい。

これら、自分の経験を書き留めて、子々孫々に伝えます。

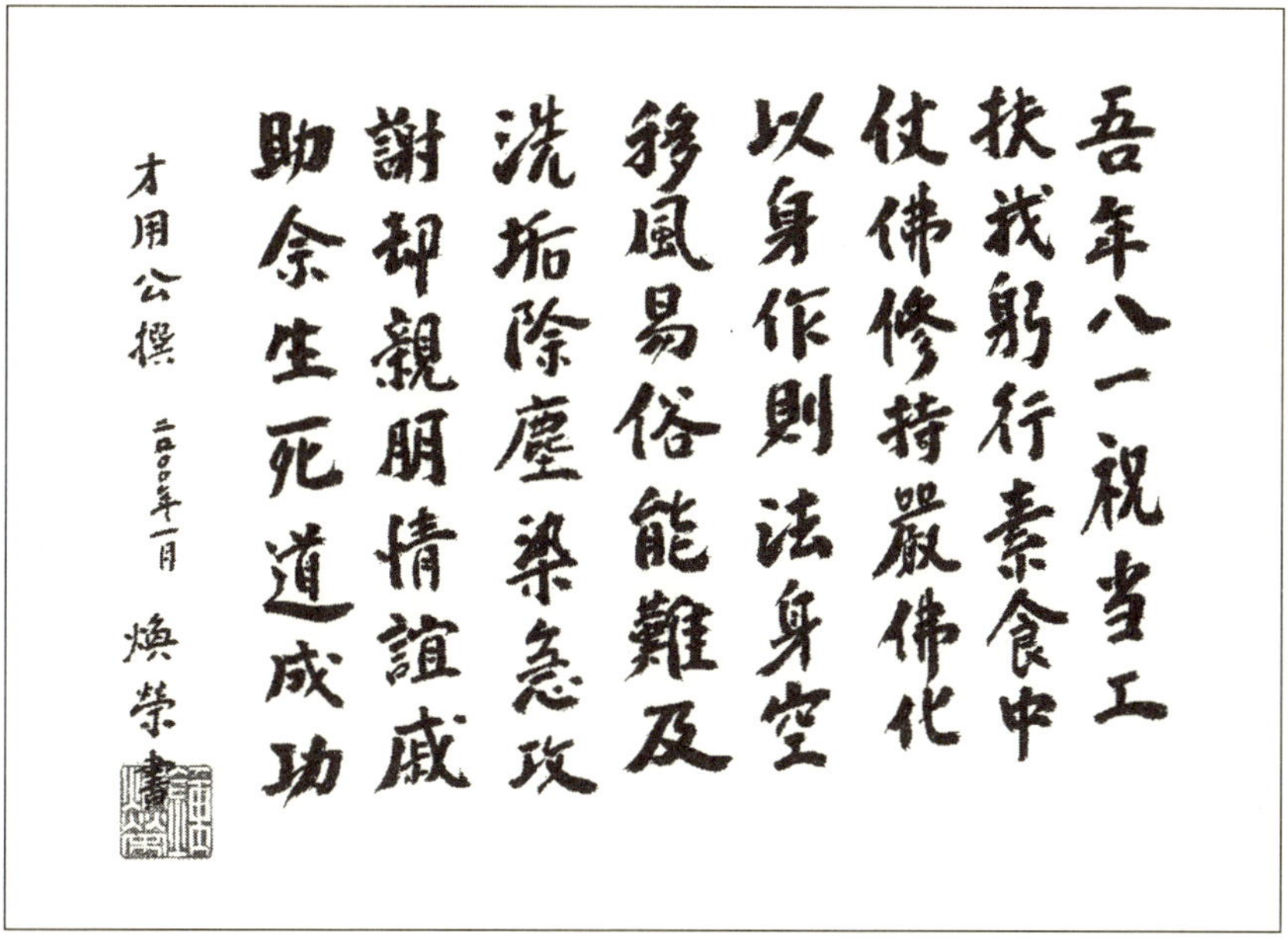


## 伯父才用公の詩

吾年八一祝当工
扶我躬行素食中
仗佛修持厳佛化
以身作則法身空
移風易俗能難及
洗垢除塵染急攻
謝却親朋情誼戚
助余生死道成功

これは、伯父才用公が父少梅公に贈った詩です。龍山寺を建立し、すでに出家していたのですが、八十一歳の誕生日に父少梅公以下親族がお祝いする相談をしていたのに対する返事を、詩文にしたものです。

意味は、

私は八十一歳のお祝いの年に当たっております。

しかし私は菜食中です。

お釈迦様の教えを守り、

真面目に修行、悟りをひらくべく努力しています。

もし世間の風習に戻れば、私の目的を達成することが難しくなります。

修行の妨げになるようなことを一日も早く取り除くよう努めています。

皆さんの情誼は有り難いですが、招待はお断りします。

私が今行っている修行は生死道です。生死道とは臨終の時点で煩悩を断った人の臨終を生と言い、妄想をして苦しんでいる人の臨終を死と言います。この生死道が成功するように手助けしてください。

父上少梅公は、これを読んで、いっそう兄である才用公を尊敬、慕うようになりました。

九十一歳になって病気になり、気持ちは浄土に生まれたいほうに固まり、臨終の一ヶ月前、兄才用公の寺に行き、法名（至果）を貰い、先兄才用菩薩（寺の祭壇にお釈迦様の像の脇に才用菩薩像が祀られている）と一緒に写真を撮ってきたりして、その後、床に就き、一心に阿弥陀仏を称え、才用菩薩の名を称え、兄を頼りに静かに浄土に旅立ちました。

伯父才用公

拙著『佛の道への誘い』をお持ちの方は、一三八頁一二行から一四〇頁八行までの詩文の解釈を取り消し、本文の解釈に訂正してください。

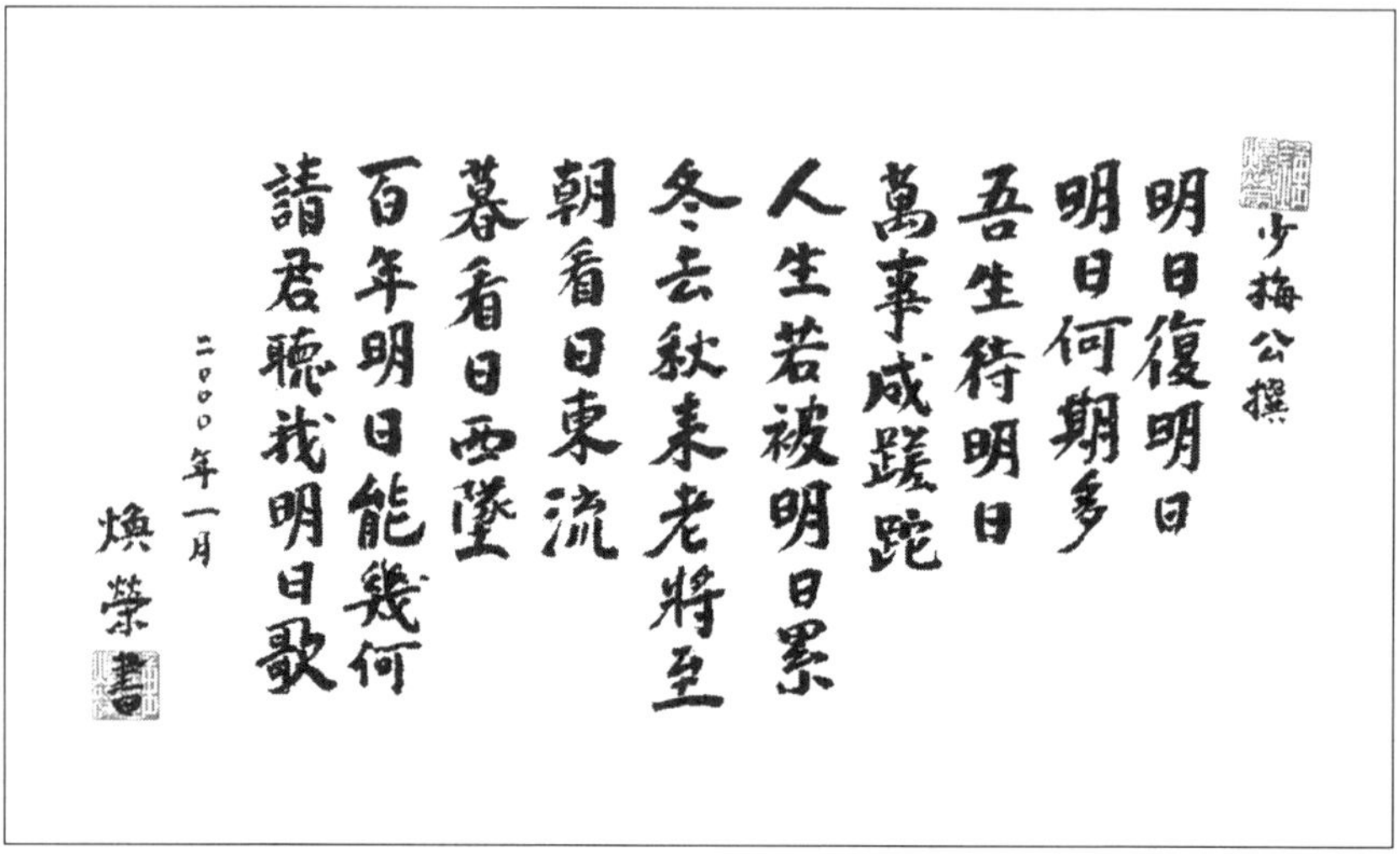


# 父少梅公の明日歌の詩

明日復明日
明日何期多
吾生待明日
萬事成蹉跎
人生若被明日累
冬去秋来老將至
朝看日東流
暮看日西墜
百年明日能幾何
諸君聴我明日歌

これは、私の父上少梅公が私のためにつくった、明日歌の歌詞です。
意味は、
その日のことは、その日のうちにやりましょう。
今日やらないで、明日やろうなどと思ってはいけません。
明日、また明日と、明日を待っていると、何ごとも成就することはできないよ。
一日一日は、あっという間に過ぎ、
一年一年は、知らず知らずの間に過ぎ去って、年老いてしまうよ。
百年の間に、明日がいくつあると思いますか。
三万六千五百日しかありません。
私のこの明日歌の意味をよく理解し、聞いてください。
その日のことは、その日のうちにやりましょう。
私は、この教えをよく守って実践しております。

## 涵養怒時気

これは、伯父才用公が建立しました龍山寺の才用公の私室の机の正面の壁に、自筆で書いて貼ってあった言葉です。

感受性が強く、大変忙しく、大変真実《まじめ》で、正義感の強い才用公が、修行初期に書かれたものと思われます。

実際、このような性格の人の前に、くだらないことを持ちこんだり、無礼な者が現れたりすると、カッとなってしまうものです。

才用公は、カッとなってしまう自分を戒め、常日頃から、相手の気持ち、相手の立場、相手の境遇などを先に考えてあげて、静かに対応する習慣を身につけるよう心掛けて修行しました。

忍の修行に非常に役立ったと思います。

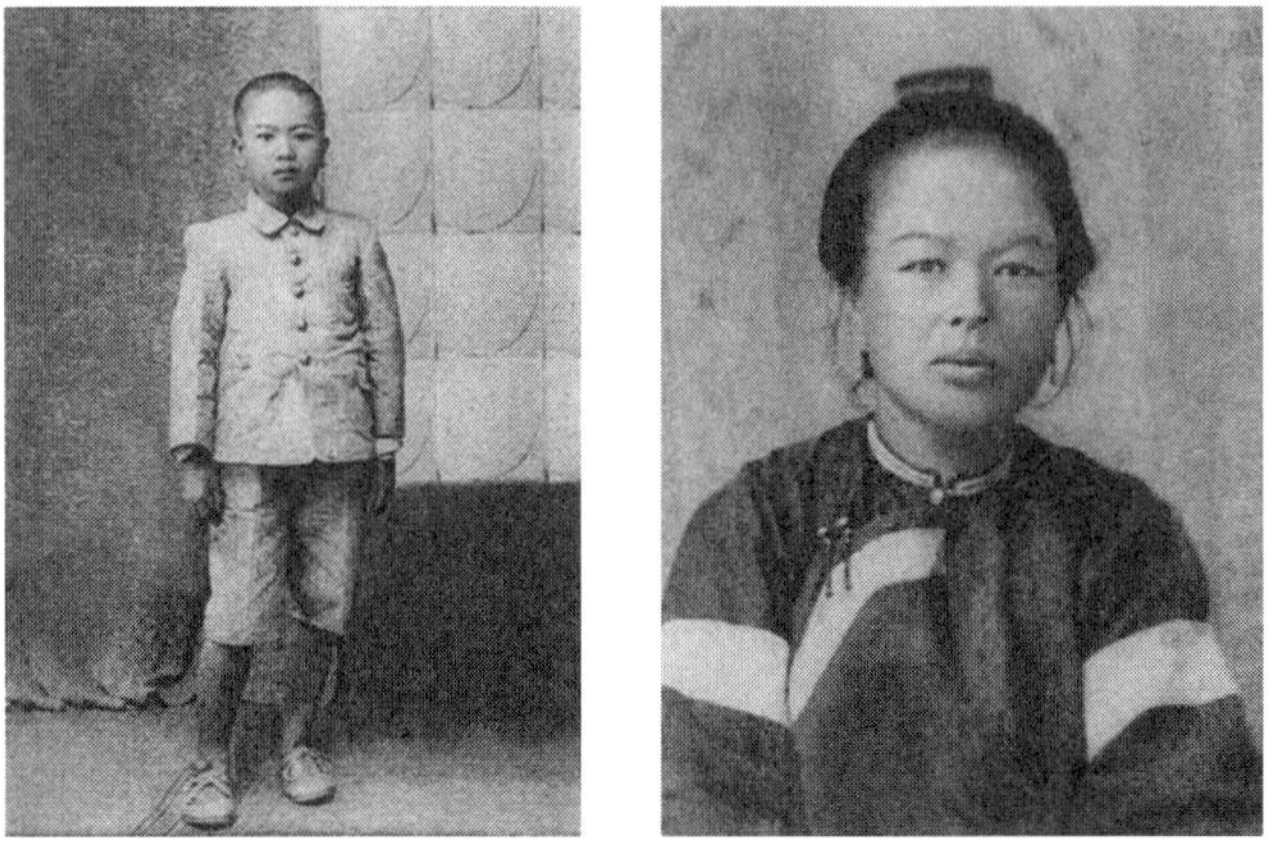

母と筆者

## 私が仏教に帰依した原点

私が仏教に帰依《きえ》し、念仏し、特に観音菩薩の御名を称えるようになった原点は、実は、この「写真にうつっている母上」であることに気がついたのです。

母上のお母さん（中国本土在住の外祖母）が亡くなられ、家族全員で葬儀に参加するためのパスポート用に撮った写真です。

満州事変が勃発し、行くことができなくなってしまいました。

母上のお嘆きは大変なもので、私も共に悲しみました。母上が元気を取り戻すまで、私は学校から帰ると、真っ先に母上の所にかけつけ、手を握り合って慰め合いました。

母上は、観音菩薩を心から信じ、唱えるようになりました。

私が、この世で最後に母上に会ったのは、昭和十七年（一九四二）の夏休みで、母上が四十九歳のときです。

その十年後、母上が亡くなったとき私は秋田県に住んでいました。日本に帰化し、二重国籍になっていたため、台湾に帰ることができず、母上と同じ悲しみを味わいました。

そのためか、母上と私の結び付きは絶対的なもので、幼児期、少年期と今と全然変わりありません。母上はいつも優しく見守ってくださっていると信じており、私も母上が私にそうあってもらいたいことを、ほとんど分かっているので母上を裏切ってはならないぞと自分に言い聞かせています。

その最大のことが、念仏と観音菩薩の御名を称えることです。

母上こそ、私の念仏の原点なのです。

# 仏教講話集

# 医療人としての資質

平成十八年八月から細谷病院職員全員が、毎月月初めの日に観音庁に集まって、私共をお護りくださっている観音様をいっせいに『南無観世音菩薩　南無観世音菩薩　南無観世音菩薩』と三回声を出して拝んだあと、約五分間、私の仏教講話をしてきました。

その効果として、仏教の有り難さを知る人に与えられる素直さ、優しさが全員の身についたように見えます。このことは医療人として求められる資質で、細谷病院の職員全員がこの資質を備えていることであります。細谷病院が稀に見る品格の高い病院であることを証明していることになります。

また、職員各人には必ずや念仏の功徳が与えられるに違いありません。私個人にとっては、この講話のためにいろいろ勉強したり、思索したり、仏教徒としての修行を積み重ねることができました。本当に有り難いことです。

講話したテーマのほかに、仏教のことを知る上に役立つテーマを加えて、講話集としました。

毎月初め、全員いっせいに観音様を拝むことは（これは念仏に属します）末長く、いついつまでも実践するようにお願いします。

## 仏教講話テーマ　『大慈　大悲』

阿弥陀仏、観世音菩薩は、常に私たちを分け隔てなく慈しみ、私たちの悲しみを取り除いてくださいます。どんな人でも、良いことをした人でも悪いことをした人でも、阿弥陀仏、観世音菩薩を憶い念仏すれば、必ず慈悲の御心《みこころ》で接してくださいます。

悪いことをした人でも、阿弥陀仏や観世音菩薩を憶い念仏する心になったとき、その人はもうすでに善人になったと言えます。

念仏とは、仏を信じ、仏を憶い、そして御名を唱えることです。

『阿弥陀仏は　大慈大悲の心を

母が子を思うと同じように

常に　衆生を想ってくださる』

しかし、もし子が母を想わないとしたら、子が母から離れて母を想わないとしたら、母を捨てていったとしたら、いくら母が子を想っても、もう母と子の関係ではなくなる。

仏は、常に衆生のことを想っていても、その衆生が仏を信じないで仏から離れたとしたら、いかに仏の力が偉大であっても、この衆生を救うことができないではないか。

仏を信じ、仏を憶い、仏の御名を声を出して念仏しましょう。

## 仏教講話テーマ　『南無』

絶対的信頼
絶対的尊敬
絶対的思慕
なも（各国・各民族共通）と発音します。

この南無の気持ちが念仏の基本。この気持ちを持ったとき、私たちは仏を信じ、仏の恵みを受けるようになり、日常の行動も慎重になります。

私の場合は、南無の気持ちから、どうすれば観音様に喜んでいただけるかを考えて、二階の観音庁を一生懸命努力して完成させました。

『脚下照顧《きゃっかしょうこ》』とは、尊敬し、思慕し、信頼している仏の傍らに居てお世話をすることで、自分の足元を世話することでないことに注意。

## 仏教講話テーマ　『因果』

今ある境遇は果《か》、前世の業《ごう》（やってきたこと）が因。したがって、今行っていることは因となり、来世の果となります。

『業』とは、行ったこと。行うこと。

悪いこと（詐欺・殺人など）をすれば来世の果となって、それなりの境遇になります。

善根を積み、念仏して、来世に極楽浄土に生まれるよう努めましょう。

今やっていることに注意しましょう。

因果応報という言葉もあります。

## 仏教講話テーマ　『信じること』

これは、念仏《ねんぶつ》（仏を憶い、仏の御名を声を出して唱える）の基本姿勢であります。ひたすらに信じて念仏すればするほど、仏を信じる心が深くなります。親近感がだんだんと湧いてきます。仏（観音様）は常に私どもに慈悲の心で接してくださっていることを忘れないで信じて念仏しましょう。

夏が来れば、必ず冬が来る。『必然性』
そのため、冬の準備をしなければならない『必要性』
『準備　備えあれば、憂いなし』

人は必ずこの世を終えます。《必然性》来世に備えて浄土に生まれることができるよう、《必要性》仏を信じる必要があります。

## 仏教講話テーマ　『極楽浄土の世界　上中下』

極楽浄土の世界にも、この世の階級とは異なる品格の上下があります。

九品

上の上　上の中　上の下

中の上　中の中　中の下

下の上　下の中　下の下

修行の成果による。しかし、あまり修行しない人でも阿弥陀仏のことを聞いたことがあり、念仏したことのある人に授けられる。極楽浄土に生まれることができるのであれば、最低の位の下の下でも大したものである。品位のある蓮台《れんだい》を頂けるように心がけましょう。修行は別として、念仏だけは必ず行いましょう。

極楽浄土に迎え入れてくださるのは、観世音菩薩と大勢至菩薩。

九種類の蓮台（九品）を準備して、その人にふさわしい品（蓮台）を渡して迎え入れてくださいます。

## 仏教講話テーマ　『仏光について』

お釈迦様は仏光によって、魂は目に見えない、空の相であるが実際にはあるものだということをお教えになりました。

例えば、何もない真っ暗な部屋に小さなロウソクを点火すると、中に何もないことが分かります（空）。また、真っ暗な部屋の壁に小さな穴をあけて外の明かりを入れると、何かがうようよとして見えます。何もないはずなのにうようよとしたものがはっきりあることが分かります。（実際にはある）

この仏光によって、魂（自性）が真空の実相であることを分かりやすくお教えになった事例です。

真空の実相とは、人間の肉体を虚相、これに対して魂を実相と言います。魂は真空であるという意味です。また、真空とは、中に空気でさえ入れない状態、何もない状態です。何もないから、生まれるとか、なくなるとか、増えるとか、減るとか、汚れているとか、その他一切ありません、なくなることもありません、不滅です。念仏した人は、浄土に永久に楽しく生きます。念仏しない人は、輪廻《りんね》転生《てんせい》をすることでしょう。

般若心経は自分の魂（自性）が空であることを説いたお経です。悟りとは、自性が空であることを知ることです。

## 大文字焼き

大とは魂の意味。お盆の頃に山の中腹に火をつけて大の字を遠くから見えるようにする京都などの行事は、仏光を教えるための行事です。お盆の頃、亡くなったその土地の人々が帰ってきた魂を仏光によって見せる行事です。

# 仏教講話テーマ　『禅宗《ぜんしゅう》』

迦葉《かしょう》という尊者（王族の出家青年）はお釈迦様のそばで修行していました。お釈迦様が入滅のとき、大勢の人たちが皆、茫然と悲しんでいた中、ただ一人、迦葉が破顔微笑しているのをご覧になっておっしゃいました。『迦葉よ、お前は智慧大きく、正法《しょうぼう》を見る眼がある（正法眼蔵《げんぞう》）。肉体が亡んでいくことは喜ばしいことで、ネーハン（涅槃）の本意をよく理解している』と、迦葉を禅宗の第一代祖師として指名しました。

禅宗とは、智慧《ちえ》の足りない人をも感化させる宗派。主《おも》に坐禅によって修行する。

# 仏教講話テーマ　『大道無門』

大道無門とは、お釈迦様の教える基本的な道理（大道）は、宗派を問わない（無門）。門とは、宗派という意味です。

（曹洞宗　禅宗　真言宗　浄土真宗　など）

自学自立で何宗にも属さないで、仏堂、観音庁で毎朝晩、念仏をしている私は、この『大道無門』の言葉に勇気付けられました。

実は、私自身帰依《きえ》したとは言え、実感もなく、出家もせず、僧侶としての修行を何一つとしてやったことがないので気がかりでした。この際、大乗宗と自分なりに命名したいと思います。

この講話のための勉強が、こんな大事な効果をもたらしてくれました。これからは、三階の仏堂（阿弥陀仏・観世音菩薩・大勢至菩薩の三尊仏）と観音庁は、大乗宗と思っていてください。

## 仏教講話テーマ　『地蔵菩薩』

地蔵菩薩が、この世の人間であったとき、中国、九華山で修行。地獄苦の衆生を救うという誓いを立てて地獄の中に入って苦しんでいる衆生と同じ苦しみを味わって修行した、大悲の偉大な菩薩です。

お釈迦様も天道にいる自分の母親を浄土に救い出すよう地蔵菩薩に依頼しました。仏祖であるお釈迦様でさえ地蔵菩薩を高く評価した偉大な菩薩です。諸国各地に地蔵菩薩の救いを求めている衆生が大変多いので、地蔵菩薩は数知れないほど多くの分身を派遣して衆生を助けています。

私は病院の三階に南無大願地蔵菩薩《なもだいがんじぞうぼさつ》と書いた札を本尊として、この御名を三回唱えて念仏します。『苦しんでいる衆生の苦しみを取り除いてやってください』『我が家に災いが起きないようにお守りください』と朝晩拝んでいます。

（苦しんでいる衆生とは、成仏できない衆生のことで、この衆生がいろいろ悪さをしたり、人に危害を加えたりする。そのため、地蔵菩薩はこの衆生の苦しみを取り除くことで、こちらに危害を加えることがなくなる）

## 仏教講話テーマ　『四相について』

相（形あるもの）は迷いの意味です。四相があるのは衆生。四相がないのは悟りをひらいた人。

この世で当たり前のことでも、これがある限り悟りをひらくことはできない。

我　相……　むさぼり（自己中心から出る欲望、もっと金持ちになりたいなど）

人　相……　怒る（他から受ける迷い、怒り、気にくわない、嘆かわしい）

衆生相……　おろか（本能からくる迷い）

寿者相……　執着による迷い（今の幸せがいつまでも）

私はこの講話をするため、いろいろ勉強しているなかに、実は「この四相を一つ一つなくす修行をしなさい」というお釈迦様の教えであったことに気がつきました。

## 仏教講話テーマ　『六度について』

度とは、衆生が悟りをひらくように導き、助ける（助力する）こと。

布　施……　分け与える（平等、自分で得た智慧を人にも分け与える）

持　戒……　いろいろな戒律（悪いことをしない、いましめ）

精　進……　まじめに修行する（苦行・力行などを行う）

忍　辱……　耐え忍ぶことによって気高い思いやりの心を養う

禅　定……　瞑想して一心不乱の心を養う

智　慧……　仏の教え、仏の世界を理解する力を養う

この六度は言葉通り悟りをひらくための修行のテーマであることに気がつきました。一つ一つこなしなさいという教えです。

## 仏教講話テーマ　『六根と六識と六塵について』

『六根』とは、人体解剖学での器官のこと。

眼・耳・鼻・舌・皮膚（触）・脳（想）　※想は想像して得る意識、想像する器官は脳

この『六根』によって知ることができるのが『六識』。

『六識』とは、見えるもの、聞こえる音など。

『六識』による色（眼）、声（耳）、臭い（鼻）、味（舌）、触（皮膚）、想像・イメージ（脳）

この『六識』によって得るものを『六塵』という。

『六塵』は妄想、幻影、誘惑、だらしない、ふしだらなど。

この六根・六識・六塵は、あまり世俗に近寄らず、食べたり、見たりしないようにする教えであることに気がつきました。

## 仏教講話テーマ　『化身と分身について』

### 『化身《けしん》』

お釈迦様が無量寿経など、大きな説法をなさるとき、頭上から大きな光を発します。阿弥陀仏は、そのことを感じ、観音菩薩、大勢至菩薩、弥勒菩薩《みろくぼさつ》などの偉大な菩薩を浄土から派遣して、この世の人間の姿に化身させ参加させます。

また、観音様は人を助けるとき、その助けようとする人と同じ姿に化身して説得、救助します。自分で化身できるのは観世音菩薩だけです。

### 『分身』

地蔵菩薩は、助けたい衆生、助けを求めている衆生が非常に多いので、その数だけの分身（自分に代わって衆生を助ける）を派遣します。この世の津々浦々に数多くあるお地蔵さんは、大願地蔵菩薩の分身です。この分身を派遣できるのは、地蔵菩薩だけで、非常に位の高い菩薩です。

## 仏教講話テーマ　『因縁《いんねん》』

『因』とは、直接の原因・動機。

『縁』とは、本人も気がつかない、その人のさだめによる原因。

例えば、私の尊敬する一人の高僧が出家したときの因縁は、十四歳のときに、たまたま露店で仏典を安く買って読み、感動したのが直接の原因です。しかし、ただその本を買って読んだだけでは、出家しないと思います。その上に、自分で気づかない、前世からの縁があったことです。いわゆる縁が深いということです。


私がはるばる台湾からやって来て、秋田でこうして皆さんと一緒にこの話をすることになったのは、前世からのさだめとして、縁があったからだと思っています。（直接の原因は戦争中の疎開で秋田に来たこと『因』）

## 仏教講話テーマ　『呪文《じゅもん》』

お釈迦様の教えの中に密教があります。これは非常に優秀な人だけが僧となることを許される教えです。仏の作った呪文（トロニ）を理解できるまで修行しなければなりません。

日本では空海の真言宗。最澄の天台宗があります。

お釈迦様の説法なさる方法は、

●経典によって道理真理を説く。顕教《けんきょう》。

●加持功用《かじこうよう》の入った密言《みつごん》による密教。

（顕説＝経文）（密話＝呪文（トロニ））

呪文には、加持功用（仏の威力が呪文の中に加わり、秘密功徳を持たせている）が加わっておりますので、これを唱えるだけで功徳を得ることができます。

一般の人は、その僧の寺院に行って、加持祈祷《かじきとう》をし、僧は呪文を唱え、目的をかなえさせます。
そのとき、僧は護摩《ごま》を焚きながら仏にお祈りしてくださる。
護摩……煩悩《ぼんのう》
火　……智慧《ちえ》
護摩は十本を束にした木片。束になった中から一本を火の中に入れて焼きつくすことが、煩悩を取り除く行事です。

# 仏教講話テーマ　『観世音菩薩』

観世音菩薩は、阿弥陀仏のおつくりになった西方極楽世界で大勢至菩薩《だいせいしぼさつ》とともに、阿弥陀仏の側近となって、新しく入って来る衆生を、その人にふさわしい品位の蓮台を持って受け入れる役目を果たしております。

観世音菩薩は修行が非常に深く、大慈大悲のお心で私共衆生が、その御名を一心に唱えているのをお聞きになれば、必ず、いつでも、どこへでもおいでくださって私共の願いをかなえてくださいます。苦しみからお救いくださり、あらゆる災難から逃れさせてくださいます。

病院内での月初めの「念仏」だけでなく、常日頃（一人になったときなど）、「南無観世音菩薩　南無観世音菩薩　南無観世音菩薩」と念仏しましょう。願い事があるとき、困ったことができたときなど、一心に観音様を念仏しましょう。

## 仏教講話テーマ　『大勢至菩薩』

阿弥陀仏が西方極楽浄土をおつくりになった、そのときよりもずっと前、輪王であったとき、観世音菩薩を長子、大勢至菩薩を次子として一緒に暮らしていました。

この深い深い因縁によって大勢至菩薩は西方極楽世界で、観世音菩薩とともに阿弥陀如来の側近となって阿弥陀如来をたすけて浄土に衆生を受け入れる役目を果たしています。

智慧力がずばぬけて優れ、この般若智《はんにゃち》で、内にあっては煩悩を破り、外に対しては諸々の魔や恨みを降伏《ごうぶく》する実力は抜群であったので、大勢至菩薩という名がついています。

仏の道の修行を妨げる悪魔や、仏の道の修行をする人を憎《にく》いと思う邪悪《じゃあく》な者を服従させる力量は抜群でした。

暇さえあれば、念仏三摩地により、阿弥陀仏の円満な悟りの境地と同じ境地におります。

仏のことを常に想い、尊敬し、一心不乱に念仏し大乗仏教界では最高の尊敬を得ています。

## 仏教講話テーマ　『阿難《あなん》』

阿難は釈尊（お釈迦様）の弟で、常に側近として仕えていました。修行も大変よくやりましたが、菩薩になれず、阿羅漢の身分でした。

※菩薩とは、正しい悟り（正覚）をひらいた上に、この悟りを人々に平等に分け与える（正等）までになった人です。

お人好しで、遊女に惑わされたり、勝手によそに行って大事なときにいない失敗もしましたが、お釈迦様が説法なさるときは率先して質問し、説法を分かりやすくできるようにし、大きな功績を残し、仏教界では大変人気があります。

## 仏教講話テーマ　『弥勒菩薩《みろくぼさつ》』

弥勒菩薩は何百万年か前、釈尊が未だ如来になっていなかった時代に、二人はこの世の人間として親しい友人関係にありました。慈氏という名でした。修行に修行を重ね、無上の悟りを得、大慈悲心をもって衆生を救済するほどの偉大な菩薩です。

釈尊が無量寿経の説法をなさったとき、勿論参加しました。そしていろいろ、西方極楽世界の情況を釈尊の問いに答える形でこの世の人々に説明しました。

また、釈尊から「自分が入滅した後は、慈氏よ、私に代わって諸々の人々にこの教え（無量寿経）を説いてください」と、最後に弥勒菩薩に重要なことを託されました。

無量寿経は、衆生が阿弥陀仏を念仏し善行を修めれば、西方極楽浄土に生まれることができるという教え。

## 仏教講話テーマ　『最大の説法（大仏頂首楞厳経《しゅりょうごんきょう》）開演前の光景』

表題テーマは非常に興味深いと思います。

当日、祇園精舎《ぎおんしょうじゃ》で釈尊《しゃくそん》は出家した僧侶千二百五十人・舎利仏・須菩提ら有名な出家僧、また、数千人の初心者僧侶も一緒に涼んでいました。十方各地からの菩薩衆は、心の中にある疑問点（理解できない点）を釈尊に質問し、教えを請いたいと決心して待っていました。

文殊菩薩（釈尊の右側にいる側近）・普賢菩薩（釈尊の左側）・観世音菩薩・弥《み》勒《ろく》菩薩《ぼさつ》・地蔵菩薩ら、集まって来ました。席順を取り仕切るのは文殊菩薩です。ただ一人、阿難が現れません。さすがの釈尊も弟を救い出さなければと決心し、百宝にも価する光明を発しました。すると、宝のような蓮の葉が出て、その葉の間から釈尊が仏に化して坐禅の姿勢に坐って神呪《しんじゅ》を唱えました。

この神呪により魔女の悪呪を消滅させ、阿難は助け出されて連れ戻され、やっとこの法事に参加できたというエピソードがあります。

元来、仏であらせられた釈尊が衆生を救うために、この世の人間となって仏教を広めたことが分かります。

# 振り返って想う

## 大乗仏教と小乗仏教

乗とはお釈迦様の教えである経典（無量寿経　大仏頂経など）を入れておく蔵《くら》のことで、蔵が大きいと経典を多く学び習得している。

大乗仏教

経典が多い。お釈迦様の教えを多く学んでいる宗派。

小乗仏教

ほとんど、お釈迦様の教えを学んでいない。その代わり、習慣的に仏教の行事を行い、またお釈迦様を尊敬している。ほとんどの宗派は小乗仏教である。国民の大半が仏教を信じている日本の仏教は、最澄の天台宗、空海の真言宗以外の宗派はほとんど小乗仏教。

また、東南アジア諸国の仏教信者、および純真な信者の信じている仏教は全て小乗仏教。

## 大乗宗観音庁　大乗仏教と名付けた理由

我が観音庁の宗派はどちらかと言うと、主に仏教学を学ぶ宗派だから、前述の意を踏まえて大乗宗観音庁　大乗仏教と名付けた。

真理とは、知識としてあらゆる人によって承認されるべき要求を含んでいるもの。あるときには確かにそうであっても、他のときにはそうでない場合は、真理とは言えない。全ての哲学者は、真理を探ることに集中したが、達することができなかった。

古今東西を問わず、世界的に有名な哲学者

| | |
|---|---|
| ヘーゲル（ドイツ人） | 精神現象を研究し、精神とは人間が、それはそういうものであると認めたものであると言う「絶対的観念論」によって哲学体系を作った。 |
| ニーチェ（ドイツ人） | キリスト教、ヨーロッパ文化を批判し、キリストは一人の超人である、神の子ではない。 |

| | |
|---|---|
| カント（ドイツ人） | 理論的認識は現世に現出し、（霊魂とか神とかは抜きにして）理論と実践を統一し、目的世界観を説いた。 |
| デカルト（フランス人） | 感覚的経験で真理があることは解った。理論的認識はできなかった。 |
| ショーペンハウアー（ドイツ人） | 生の具体的な実相は<br>・盲目的な生存への意志がある。<br>・その欲望は永遠に満たされない。<br>・人生は苦悩ばかり多いものである。 |

（梅原猛著『横川の光』から）

## 仏教は哲学の母の理由

人間は目に見える肉体と精神から成り立っている。その精神の働きは目に見える脳である。したがって人間は物体に過ぎない。

お釈迦様は、人間には霊がある。その霊は真空の実相である。真空は、目に見えないが実際にはある。これは、増えることもないし、減ることもない、変化しない存在である。これは真理である。この真理は、お釈迦様が三十五歳のときに菩提樹の下で閃《ひらめ》いたものである。どんなに偉大な哲学者もこの真理を追究したが、できなかった。それ故に仏教は哲学の母である。

**いろいろな修行の中で、最も悟りをひらきやすい方法は念仏であるのはなぜでしょうか。**

念仏人（常に念仏している人）が、一心不乱に念仏すれば、
心繋仏境……　心が仏と繋がっている。
香光荘厳……　常に仏の側にいるので、仏の香り（香光）が身に染みついているる状態となっている。身も心も仏から遠くない所にいるから、いろいろな妄想が入る余地がない。すなわち悟りをひらいた状態である。

## 仏光について（大乗仏教から見て）

仏光とは仏から発する智慧光である。光は暗い所を明るくする。仏教で暗いとは無明である。無明とは煩悩である。したがって、仏光によって煩悩を取り除くことができる。

# あとがき

異国の地秋田に、仏教を広めるべくこの世に生まれてきたのでは？　の想いは今も変わりありません。言わば、この世における私に与えられたミッションと理解しています。老骨に鞭打って、この本を書きあげました。

大乗宗と名乗るわが宗派は非常に稀な宗派で、信者諸賢も限定されます。知識人でなければ、取りつき難いものですが、念仏をするだけでもよいのです。この拙い小品がすでに出版した諸々の著書とともに仏教の教本となって読んでいただければ、私の幸せ、これに過ぐるものはありません。

なにげなく書いてきた諸々の拙著が仏教の教本になったことは不思議なことでした。

そして多くの皆様から「仏教とは本当に素晴らしいものだな、人生の後期には是非信仰すべきものだなと思ってくださる方が一人でも多く現れることを祈願いたしております。

二〇一四年　新春　細谷焕榮（慧焕）

**著者プロフィール**

**細谷 煥榮**（ほそや かんえい）

台湾南部生まれ
日清戦争後、抗日戦争当事者の孫
医師。仏教研究とともに、一日も念仏を忘れたことがないまじめな修行者

**仏の道への誘い** 般若心経解説

2014年3月15日　初版第1刷発行

著　者　細谷 煥榮
発行者　瓜谷 綱延
発行所　株式会社文芸社
〒160-0022 東京都新宿区新宿1－10－1
電話 03-5369-3060（編集）
03-5369-2299（販売）

印刷所　神谷印刷株式会社


ISBN978-4-286-14744-4